Santuario de narcisos en ayunas
Sanctuary of Fasting Daffodils

Marelys Valencia

Santuario de narcisos en ayunas
Sanctuary of Fasting Daffodils

Translated by Peter Nadler

I. La solemnidad del oráculo: infancia / I. The Solemnity of the Oracle: Chilhood

II. EL SANTUARIO DE NARCISOS EN AYUNAS / THE SANCTUARY OF FASTING DAFFODILS

Con la esperanza de que mis sobrinos Amanda
y Armandito vivan en un país mejor al país en
que nacieron. Para ellos, este libro.

With the hope that my nephews Amanda and
Armando live in a better country than the one
in which they were born. This poetry collection
is for them.

I.

La solemnidad del oráculo: infancia

I.

The Solemnity of the Oracle: Childhood

oráculo

en el espejo la primera imagen de sí misma –rostro oval
en azogue engarzado al vestidor de cedro.
                              cada uno recibe la imagen de sí que espera.
eres espina endorsada de cetáceo límpido
–pez verde azul que nace y salta con nostalgia de mar
abierto–
por ti esperan tiburones en la hondura
donde aguardan mujeres con hijos en los brazos
–si hubieran visto en sus espejos de gastado azogue
la ola oscura hacia ellas
hacia ti–

aléjate de Jonás –predijo el oráculo–
de los mares que siembran muertos

oracle

in the mirror, the first image of herself –an oval face
in quicksilver set to cedar dressing.
            everyone receives the image of the self one expects.
you are the spine of a limpid cetacean
–blue green fish, born, jumping with nostalgia for the open
     sea–
Sharks await in the depths
where women wait with children in their arms
–if they had seen in their mirrors of worn quicksilver
the dark wave moving towards them
towards you-

stay away from Jonah –the oracle predicted–
from the death sowing seas.

I

las islas –anunció– aspiran a convertirse en imperios
hombres   mujeres   niños   ancianos
sirven al propósito
improvisan extremos en caso de asedio
como lanzarse al fondo
                    de donde una vez emergieron

I

islands –he announced– aspire to become empires
men   women   children   the elderly
serve the purpose
they improvise extremes in the event of a state of siege
like jumping once again into the deep end
                              back from where they came

II

hubo una vez sol y luna y en su ausencia se encendían can-
   delabros
a veces ardían libros pensados por cabezas hermosas
    bocas eufóricas acometían la quema
    cuerpos en la danza medieval de la muerte

no pienses —advirtió el oráculo—
entrénate en la naturaleza de la piedra

II

Once upon a time there was sun and moon, and in their
     absence candelabras were lit
books conceived by beautiful heads burned
          euphoric mouths fueled the pyres
          bodies in the medieval dance of death

do not think –the oracle warned–
train yourself in the nature of the stone

III

el espacio es húmedo y se adhiere a sí mismo
(implacable)
tal vez sea a causa del campo magnético
¡oh, alas davincianas, ¿por qué las manos del líder parecen
    élitros?!
…
ojos azuzados por espíritus basiliscos.
Dios avisa con mirada sorda.

III

the space is humid and sticks to itself
(relentless)
maybe it's because of the magnetic field
Oh, Davintian wings, why do the leader's hands look like
    elytra?!
…
eyes incited by basilisk spirits.
God warns with a deaf stare.

IV

los pensamientos que nunca se enuncian quedan ocultos detrás del nervio óptico. la extracción del nervio permite acceso al ser –somos lo que no decimos.
luego, con muesca semicircular en la oreja exhiben al ser en plaza pública. los niños no duermen pensando en sus cartílagos perfectos.
un día irán en busca del padre.

IV

thoughts never expressed remain hidden behind the optic
nerve. the extraction of the nerve allows access to the being
—we are what we do not say.
then, they display the being in a public square —a semicircular
notch in the ear. children don't sleep thinking about their
perfect cartilage.
one day they will come for the father.

los pupitres de madera

la pizarra es verde, cementada. la tiza corre feliz como los niños en el receso, tragando el pan de ayer, y el polvo agitado por el viento.

¿qué es la propiedad social? –pregunta la maestra.

Armagedón –susurras.

una fotografía del líder te mira y esquivas los ojos. aprietas los labios para que la melodía religiosa del abuelo no escape (es un eco en tu cabeza y sa-bes-que-no-pue-des-can-tar-la-fren-te-a-*o-tros*). en cualquier momento tus ojos pueden encontrarse con los del líder.

y entonces ruegas porque la maestra no te vea llorar.

the wooden desks

the chalk board is green, cemented. the chalk runs happily
like children at recess, stuffing their mouths with yesterday's
bread, swallowing wind stirred dust.
What is social property? —asks the teacher.
«Armageddon» —you whisper.
a photograph of the leader stares at you, and you avert your
eyes.
you tighten your lips so that your grandfather's religious
melody doesn't escape (an echo in your head, you-know-
you-can't-sing-it-in-front-of-others). at any given moment
your eyes can meet those of the leader.
you pray the teacher doesn't see you crying.

toda defensa produce una implosión

un dolor agudo sacude la cabeza del padre. durante dos horas alguien examinará sus pupilas (nadie lo ha observado así de cerca).
estrategia: la contracción.
¿y la cabeza?

every defense produces an implosion

a sharp pain shakes the father's head. for two hours someone
will examine his pupils (no one has ever observed him this
closely).
strategy: contraction.
and the head?

azar

todos guardamos un secreto / el oráculo puede salvarnos o no /
depende de la pitonisa
(así de arbitrario)

random

we all keep a secret / the oracle can save us or not /
depends on the pythoness
(so arbitrary)

juego de decapitaciones

delirio de unas palabras cortadas
sobre
un
madero
húmedo
sí-la-ba a sí-la-ba
fragmentando
lo indiviso
para crear el continuum
náufrago
en desórdenes pre-sinápticos

al esbozar lo que cree lenguaje
llega el verdugo

the beheading game

cut words delirium
over
a
wet
log
syl-la-ble to syl-la-ble
fragmenting
the undivided
to create the continuum
castaway
in pre-synaptic disorders

outlining what is believed to be language
as the executioner arrives

sintaxis de la penitencia

restringe lo kinésico / traga el lenguaje de manos y piernas /
conviértete en cavidad antropófaga /
(¿boca penitente?)
no destiles el verde de los ojos del padre /
cierra los ojos / y lograrás que una canción se meza contigo
lejos de una ciudad donde el nombre de Dios no sea tumba /
escucha la alabanza del abuelo que aleja a los mosquitos /
su voz   temblando

restrict the kinesic / swallow the language of hands and legs /
become an anthropophagous cavity /
(penitent mouth?)
do not distill the green of the father's eyes /
close your eyes / and a song will sway with you
far from a city where the name of God is not a grave /
listen to grandpa's praise driving away the mosquitoes /
his voice   trembling

peso en el umbral

las piernas sostienen demasiado a veces
la masa de un cuerpo se determina en una balanza
¿es el alma de una persona cuantificable?
el alma es el peso de otro corazón
dos
tres
cuatro
cinco
decenas de órganos latiendo en el umbral
¿el umbral de qué?

weight at the threshold

legs support too much sometimes
the mass of a body is determined on a scale
is a person's soul quantifiable?
the soul is the weight of another heart
two
three
four
five
dozens of organs beating on the threshold
the threshold of what?

creación

no hay paz ni dentro ni fuera de quien piensa que
una es la rueda de la historia y no la clase obrera.

creation

there is no peace either inside or out for those who think of
the self as the wheel of history and not the working class.

noche

la madre teme a la caída del sol   a las velas   a las flores
    de olor dulzón
a veces queda absorta cuando el viento sopla del sur
el aire esparce un aroma de lirios en aguas aliacanadas
floreros o botijos para los muertos (y los santos)
lirios en vasija que insisten en los cambios de la materia
duelo
visiones de caminos trillados
un pájaro   un suicida colgando de un árbol
en las mañanas ictéricas del pueblo viejo

the mother fears the sunset   the candles   the sweet-
    smelling flowers.
sometimes she looks absent as the southern wind blows
the air spreads a scent of lilies in yellow waters
vases or jugs for the dead (and saints)
lilies in pots insisting on changes in matter
duel
visions of beaten paths
a bird   a man hangs himself from a tree
in the jaundiced mornings of the old town

polvo del amanecer

senda entreverada de niños
que arrancan vísceras
sobre raíles
lagartijas mutiladas brillan
azuladas
restos de cocos avisan de purgaciones
una
paloma
sin vida
impide el paso

sin aire vomita
polvo del amanecer

dawn dust

path rendered with children
that tear out viscera
on rails
mutilated lizards glow
bluish
coconut remains warn of cleansings
a
lifeless
dove
prevents passage

without air she vomits
the dust of the dawn

la guerra

el estómago salta y quieres despedazarlo.
caminas sobre una cuerda. si se enredan los pies —y ha suce-
    dido—
la cuerda someterá el cuerpo.
sobre una franja delgada los ojos fallan (no los pies)
se desvían provocando la caída pendiente:
la credulidad.
en el sueño no hay contrarios
solo un salto que se anuncia.
fuera del sueño el enemigo informa que la isla semeja un
    hormiguero
—millones de hormigas inquietas en sus túneles.
mañana
se esparcirán sobre la tierra y los mares
allende el trópico.
serás parte del pueblo vencido.

your stomach is jumping and you want to tear it apart.
you are walking a tightrope. if your feet get tangled –and it
    has happened–
the rope subdues the body.
on a thin strip the eyes fail (not the feet)
they deviate, causing the pending fall:
credulity.
in dreams there are no opposites
but an anticipated leap.
outside dreams the enemy reports that the island resembles
    an anthill
–millions of restless ants in their tunnels.
tomorrow
they will spread over land and sea
beyond the tropics.
you will be part of the defeated nation.

el no-lugar

los gritos de los niños como
coito quebrante de costas alejadas /
quisieras ir al mar / pero en esta isla el mar
el mar
el mar
se conforma con los gritos
de amigos que son como ínsulas
cuando ríen.
amigos que ríen inadvertidos de una guerra en la que morirán
    sus padres.
en tu mirada descansa un pensamiento vigilante.
se posa sobre un banco del parque para mirar a través de las
    ventanas:
madre
en su ir y venir
entre
la cocina
y el patio.
madre
de acciones simultáneas:
cuece los frijoles / exprime y vierte la ropa en una batea de
    agua.
la olla dispara un humo caldoso.
imaginas una bomba de tiempo:
la soledad y la metralla
en otro continente.
tus amigos huérfanos.

the non-place

the screams of children like
breaking coitus of distant coasts /
you would like to go to the sea / but the sea on this island
the sea
the sea
is quenched by the screams
of friends who are like islands
when they laugh
friends who laugh unaware of a war in which their parents
    will die.
a watchful thought rests on your gaze.
it perches on a park bench to look through the windows:
mother
in her come
and go
between
the kitchen
and the patio.
mother
multitasking.
she cooks the beans / squeezes them and pours the clothes
    into a trough.
the pressure cooker spews a soupy smoke.
you imagine a time bomb:
loneliness and shrapnel
on another continent.
your orphaned friends.

manos

el líder de manos-élitros puede deshacer un rostro
(un hombre-ortóptero)
cuando alza las manos parece que va a levantar vuelo
—pero no—
levitan quienes lo observan mover un dedo a la par de la boca
(una boca aparentemente normal)
que ordena:
uno
dos
tres
¡en sus puestos!
uno
dos
tres
¡apunten!
uno
dos
tres
(¿fuego?)
¡bajen sus armas!
simulacro continuo

hands

the leader of hand-elytra can undo a face
(an orthoptera-man)
upon raising his hands, it seems like he is going to take flight
—but no—
those who watch him move a finger next to his mouth levi-
    tate instead
a seemingly normal mouth
that orders:
one
two
three
in position!
one
two
three
take aim!
one
two
three
(fire?)
put down your weapons!
the drill continues

versículo antipatriótico

24 cuadros por segundo
el corte
de la cebolla.
maldices
y basqueas.
y entonas un himno:
Ven pues, ahora, te ruego, maldíceme este pueblo, porque es
   más fuerte que yo;
por ventura podré yo herirle

unpatriotic verse

24 frames per second
the cutting
of the onion.
you curse
and gag
and sing a hymn:
Come now, I beg you, curse this people, for they are stronger
    than me;
by chance I will be able to hurt them

himno

los soldados recogen a cualquier individuo mayor de 17 años
tu padre ha llegado a casa. dos minutos –le advirtieron
«en dos minutos debes alistarte para el simulacro»
en dos minutos lo besas y abrazas
por el no-tiempo que vendrá
saltas y creces hasta la altura de su pecho
dos minutos para agarrar una toalla
un cepillo de dientes   un par de botas

en la plaza el padre aborda un vehículo-verde-camuflaje
el camión levanta una nube de polvo
y mueres tú sin *ríos para nadar*
ni *montañas para escalar*,
ni *música para oír*,
ni *libros para leer...* (Rose Milligan)
dos minutos
y las infancias se vuelven contra ti

anthem

soldiers pick up any individual over 17 years old
your father has come home. two minutes —they warned him
«in two minutes you must get ready for the drill»
in two minutes you kiss and hug him
for the no-time that will be
you jump and grow to the height of his chest
two minutes to grab a towel
a toothbrush   a pair of boots

in the square the father boards a green-camouflage vehicle
the truck raises a cloud of dust
and you die without *rivers to swim in*
no *mountains to climb,*
no *music to hear,*
no *books to read...* (Rose Milligan)
two minutes
and childhood turns against you

sobre su cama la madre escribe

las notas de Herbie
contrastan con el ritmo estridente
de esta tarde
en que manos y máquinas
pican piedras
al sol
esta tarde
azul
no mitiga el deseo
de lanzar una oreja al asfalto
que salta en pedazos
sin brillo

on her bed the mother writes

Herbie's notes
contrast with this afternoon's
strident rhythm
as hands and machines
break stones
under the sun
this afternoon
azure
does not mitigate the desire
to throw your ear to the asphalt
that breaks into pieces
dull

purgatorio

rajar la puerta al infierno requiere astucia
y un ojo que vigile al diablo
al centro de su mesa
                tangente al fuego

purgatory

cracking the door to hell requires cunning
and a watchful eye on the devil
in the center of your table
                tangent to the fire

tabú

el padre no habla.
la madre lo mira con el codo apoyado en la repisa.
tú los observas desde el cuarto –callada.
el estómago salta otra vez.
has alineado los libros de la escuela en su orden habitual:
un orden que no debe ser quebrantado.
                    orden anti-basilisco.

taboo

the father does not speak.
the mother looks at him with her elbow resting on the shelf.
you watch them from your room –silent.
your stomach spasms again.
you have lined up the school books in their usual order:
an order that must not be broken.
                    an anti-basilisk order.

provocación

el enemigo derriba un avión y
los muertos descansan bajo los lirios /
los padres tironean sus ropas
que no huelen a fragmentos de pólvora /
esos trapos maldecirán un nombre /

las palabras del líder bailan /
      logran el clímax con un dedo

provocation

the enemy shoots down a plane and
the dead rest under the lilies /
parents pull at their clothes
that do not smell of gunpowder /
those rags will curse a name /

the leader's words dance /
        they reach clímax with a finger

tus dedos

escapan
como nómadas
entre punto y punto
detenidos e impulsados
(sin paradojas perecemos
                              o muere la razón)
dedos difuminados
como amantes en fiesta ajena
deformando
y travistiendo siluetas
laberinto
que confunde a los ramplones
en su curso no rectilíneo
a una trama (in)conclusa.

your fingers

they escape
like nomads
between points
stopped then driven
(without paradoxes we perish
                    or reason dies)
blurred fingers
like lovers at someone else's party
deformed
cross-dressing silhouettes
labyrinth
that confuses the idiots
in its non-rectilinear course
to an (un)finished plot.

apoteosis

debajo de la tierra
se lubrican
debajo de la tierra
se ensamblan   acoplan
sobre la tierra
embrujan a los hombres
                coreografías solemnes
proyectiles infértiles
                en las danzas subterráneas
                de tu muerte

underground
they lubricate
underground
                they assemble
on earth
they bewitch men
                solemn choreographies
infertile projectiles
in the
        subterranean dances
        of your death

sabiduría

guarda el calor del verano tozudo
en las manos
como juego de adivinaciones
que desoriente a las sombras

wisdom

save the heat of the stubborn summer
in the hands
like a guessing game
disorienting the shadows

meditación o sueño

arpegio estático
sobre cornisa de papel
            para que amanezca

meditation or dream

static arpeggio
on paper cornice
            just to see the sunrise

madrugada

despiertas a las 3:03 a.m
las almas atrasadas andan a pierna suelta.
una se asoma por la abertura del mosquitero
—desplegado
como tienda de campaña.
reniegas de los espíritus ambulantes. temes a los del sueño
que no te despierta cobijada en una trinchera.
    hace calor y las balas zumban
    sobre la cabeza.
    el cruce de fuegos sobrepasa la velocidad
    de un alma diferida.
    un proyectil fértil
    —esperanza de los productores de mártires—
    alcanza a la madre.
    no adviertes el impacto
    —en un ángulo que la mirada esquiva
    ella reposa exangüe.
la sangre es incolora en la noche
—carece de solemnidad.

early morning

you wake up at 3:03 am
backward souls walk on loose legs.
one peeks through the opening of the mosquito net
–unfolded
like a tent.
you deny the wandering spirits. you fear those in the dream
that doesn't wake you up sheltered in a trench.
    it's hot and the bullets are buzzing
    overhead.
    the crossfire exceeds the speed
    of a deferred soul.
    a fertile projectile
    –hope of the martyr-maker–
    reaches the mother.
    you don't notice the impact
    –at an angle the eye avoids
    she lies bloodless.
blood is colorless in the night
–it lacks solemnity.

en una dimensión de tu infancia

para abuela María que no estás

sobre un banco cabe la memoria del cuerpo
un banquito de madera en donde levantarse
empinarse para alcanzar la vida
o los platos
sin que un trazo de frijoles cubra tu inocencia
fuera de la mesa sin familia que ahora descansa
en el patio fresco con los pies sobre cojines de flores
como la memoria de un plato pulido
que mañana al almuerzo se revestirá
en puntillas no
solamente los tuyos pequeños para que el lazo
no se terse demasiado
        ¿una muerte puede sobreponerse a otra?
tus pies
intentan alcanzar las vidas reunidas
ante una mesa
los potajes con chorizo
su rastro ahora en tus manos que pulen
        niña sin criar
crecida en el banquillo que a veces cae
que no te deja llegar a la altura
de lo sucio

in a dimension of your childhood

for grandma María who is not with us

the memory of the body fits on a bench
a little wooden bench to stand up on
climb up to reach life
or the dishes
without a trace of beans to hide your innocence
off the table without family that now rests
on the cool patio with feet on flowered cushions
like the memory of a polished plate
to be replenished tomorrow at lunch
not on tiptoes
only your little feet so that the lasso
fails to tighten
         can one death overcome another?
your feet
try to reach the lives reunited
before a table
the chorizo stew
its trace now in your hands that polish
         unbred girl
raised on a bench that sometimes falls
that doesn't let you reach the height
of filth

espera

aprendes a enjugarte los ojos
en la brisa de un lago lejano a la colina de Ares
posible   el tintinear de las copas
el olor de la lavanda   silencioso
como hacen los niños
cuando juegan a «un, dos, tres, limones»
y el impulso de un aire suave
sorprende detrás de la nuca

you learn to wipe your eyes
in the breeze off a lake far from the Hill of Ares
possible?   the clinking of glasses
the silent smell of lavender
like when children play "one, two, three, lemons"
and the impulse of soft air
behind the neck surprises you

cronicidad

dispón de ti misma como síndrome
irremediablemente tuyo
crónico
aunque te destierres en suspiros

entonces piensas que no hay nada como recostarse a las esquinas
donde amanecen insectos pataleando por la vida

chronicity

dispose of yourself as a syndrome
irremediably yours
chronic
even if you exile yourself in sighs

so you think there's nothing like leaning into corners
where insects awake kicking for life

conquista

el líder construyó visiones de mujeres sin vientre
desviando estiércol hacia los ríos
(¡ay, Heracles, pequeño eras!)
y la tierra (letanía podrida) lanzó una señal

conquest

the leader created visions of women without wombs
diverting manure into rivers
(Oh, Heracles, you were so little!)
and the earth (rotten litany) threw up a sign

II.

El santuario de narcisos en ayunas

II.

The Sanctuary of Fasting Daffodils

la paria

arranca la página y ya está: *from scratch again.*
será hermoso el sendero del caminante o de la paria fuera de
todas las castas: exterior a sí misma y a los otros hasta en el
camino que se abre supuestamente ínfimo en su condición
externa. expropiada excepto de las palabras que forman coá-
gulos y palpitaciones (debieron ver a tu madre en sus harapos
de niña cruzando charcos con un libro viejo). qué poema no
se escribe sobre harapos o hilachas de la memoria que será.
debieron verte en el recodo de la sabiduría con ganas de un
plato de sopa proteica (de cualquier origen): *goulash* o ajiaco.
se te escapa Sylvia en su indulgencia de *sopa de pollo* y *bistec
con puré de papa y mantequilla* antes de colmar sus pulmones
con gas. sus pulmones como una amapola (de rojo intenso
con interior blanco). y sin embargo ella te caza: paria de las
letras. ella regresa: *outcast on a cold star, unable to feel anything
but an awful helpless numbness* y la sientas con tu madre en
este pedestal de ideas adversas.
hablas contigo y solo contigo hacia adentro. ves el corazón.
debió ser útero

turn the page and that's it: from scratch again.
the path of the walker or the outcast will be beautiful outside
of all castes: exterior to herself and to others even in the path
that opens up –infimum– in its external condition. expro-
priated except for the words that form clots and palpitations
(you should have seen the mother in her child's rags crossing
puddles with an old book). what poem is not written on the
rags or threads of the memory that will be. they must have
seen you in wisdom's corner wanting a bowl of protein soup
(of any origin): goulash or ajiaco. Sylvia escapes you in her
indulgence of chicken soup and steak with mashed potatoes
and butter before filling her lungs with gas. her lungs like a
poppy (deep red with white interior). and yet she haunts you:
pariah of letters. she returns: *outcast on a cold star, unable to
feel anything but an awful helpless numbness* and you sit her
with your mother on this pedestal of adverse ideas.
you talk to yourself and only you inside. you see the heart
it must have been a uterus.

anti-nostalgia

esta película
se producirá a sí misma
en los espejuelos rotos
las almendras sin sal
(sobre la mesa)
las dos velas de bayas silvestres
apagadas por la resina
como los éxodos —alegas—
que se borrarán sin trepidación

anti-nostalgia

this movie
will produce itself
in the broken glass
the unsalted almonds
(on the table)
the two wild berry candles
quenched by resin
like the exoduses –you allege–
to be erased without hesitation

solo cuerpo

contra la memoria del cuerpo correrás
como la vida
alejándose siempre

only body

against the memory of the body, you will run
like life
always escaping you

discurso

¿qué verdad construye la frontera del discurso?
un viaje hacia los otros en país extraño
o hacia ti   desabrigadamente
en una boca que contradice la intención
ingenuamente postiza
como niño que observa un hilo de luz
y descubre la textura del polvo

what truth constructs the border of discourse?
a journey towards others in a strange country
or towards you   unsheltered
in a mouth that contradicts the naive false intention
like a child observing a thread of light
and uncovering the texture of the dust

frontera

la línea que nos divide de lo otro
(lo innombrable)
la llevarás inscrita en tu borde y su traspaso.
aunque la mano impía puede ser cortada
y sin ella no puedes escribir versos
tu verso no moral
(su vida autónoma)
se separará de todas las cosas
con sospecha sobre una piel
o mano
en el desborde:
          semilla que (no) podrá ser penada
en este pedazo de oscuridad

border

the line that divides us from *the other*
(the unspeakable)
you will have it inscribed on your border and its trespassing
though the ungodly hand can be cut off
and without it you can't write verses
your non-moral verse
(its autonomous life)
will be separated from all things
with suspicion of skin
or hand
in the overflow:
          seed that (cannot) be punished
under the cover of darkness

horizonte

alcanzarás a ver el batir de los músculos silenciosos del mar
(armónicamente)
bajo los remos de los jóvenes de Notre Dame
(fornidos los árboles en baile de adulación
y compás escurridizo).
sus padres aterrizarán el fin de semana
en aviones privados
y la luz de la tarde desaparecerá
	en otra masa de agua en el Estrecho
	con la vida (¿o la muerte?)
	en el horizonte

horizon

you will be able to see the beating of the sea's silent noise
(harmonically)
under the oars of the students of Notre Dame
(stout trees in a dance of adulation
and slippery beat).
their parents will land on the weekend
in private planes
and the evening light will disappear
          in another body of water in the Strait
          with life (or death?)
          on the horizon

migrante

tránsfuga en mundo dictado por contraseñas

migrant

fugitive in a world dictated by passwords

tender

pensarás en inglés convertida en senda.
en el cotejo con hojas leaves insinuará el secreto
no lo enterrará en sendero de nadie.
y te querrán tender
not brown
tender for the gesture of ingesting your skin
tan soul —they will say—
so tan tan que se escapará tu tender nature

tertulia cerca de Notre Dame

tu gata escapa de la habitación alfombrada. detrás su saliva
quieta, sobre las pelusas de lana. escurridiza, empuja el espa-
cio ausente quebrando átomos que, de otra forma, oxidarían
el ánimo de los invitados —sus gestos deliberadamente metá-
licos.

gathering near Notre Dame

your cat escapes from the carpeted room. her still saliva, on
the wool fluff. elusive, she pushes the absent space breaking
atoms that, otherwise, would oxidize the spirit of the guests
–their gestures deliberately metallic.

Dafne ahora

en pose de montaña los pies se afincan al suelo
los hombros
caídos
crean apertura en el pecho
(este óvalo de múltiples luces
que se desvanece en aire)
se navegan plausibles victorias
con los ojos penetrando la resina del árbol
pretenciosa estatuilla
náufraga de isla alófona
pretérita
burlas predestinaciones
y brotan las ramas de la pitonisa
sin patria
sin amo

Daphne now

in mountain pose, the feet stick to the ground
fallen
shoulders
create an opening in the chest
(multi-light oval
that fades into air)
plausible victories are sailed
with eyes penetrating the resin of the tree
pretentious statuette
castaway from allophone island
past
you dodge predestinations
and the branches of the soothsayer sprout
without homeland
without a master

amiga

una hoja verde-amarilla se aferra al árbol como soldado en
la estepa esperando el regreso a casa. en silencio la observas
desde la ventana como pájaro de tierras cálidas, pero la hoja
no calienta la rama que bajo su corazón permanece.
ráfagas de nieve descubren tu sonrisa apenas contra el cristal.

friend

a green-yellow leaf clings to the tree like a soldier in the steppe
awaiting his return home. you silently observe it from the
window like a bird from warm lands, but the leaf does not
warm the branch under its heart.
snow flurries barely reveal your smile against the glass.

desaliñada, casual,
en rosa pálido.
Terranova *Fur*, Arizona *Aztec*.
auténtica. nativa. natura.
desierto hecho a mano.
única.
dos manos en una pieza en el telar.
vintage.
versiones retro de esquinas espesas
(relevantes)
y visiones que no te pertenecen.

systematic

disheveled, casual,
in pale pink.
Terranova *Fur*, Arizona Aztec.
authentic. native. nature.
handmade desert.
unique.
two hands in one piece on the loom.
vintage.
retro versions of thick corners
(relevant)
and visions that do not belong to you.

ex-sésil

la gluma en el tardío otoño
(el grano listo en los campos)
recuerda el pan y el vino y el yute
donde terminaban los maizales del trópico
tropismo de la criatura ya no sujeta al substrato
a la fijeza de su lengua
al ser
tropo movilidad al que no renuncias

ex-sessile

the glume in late autumn
(the grain ready in the fields)
reminds the bread and the wine and the jute
where the cornfields of the tropics end
tropism of the creature no longer attached to the substrate
to the fixity of the tongue

mobility trope that you never give up

(in)visibilidad

la página en blanco
el ojo que duele da *un agua de coral*
no por puñal que florece
ni por *surtidor*
es sangre que emana sin abundancia ni heroísmo
eres verso-esterilidad
que puja un miedo parco
materia abstracta de un planeta de gas
en esta ilusión de blancura

the blank page
the pained eye gives way to coral water
not for the blooming dagger
not for the spout
It is blood that emanates without abundance or heroism
you are the verse-sterility
that pushes a parsimonious fear
abstract matter of a gas planet
in this illusion of whiteness

tierna teoría

los árboles ya perdieron las hojas
y nos queda su esqueleto en ademanes
                como las manos de Wilde
(desnudas y elegantes)
de sus muñecas cuelgan las palabras
convertidas en raíces
                y a ellas te ases.

the trees have already lost their leaves
and we are left with its skeleton in gestures
like Wilde's hands
(naked and elegant)
from his wrists   words hang
turned to roots
and you holding on to them.

nacimiento

el día que olvides tu nombre nacerás
(como una epopeya vacía)
en una letra de mi nombre

el día que olvides mi nombre
ese día
como un calamar gigante morirás en la orilla
(no importarán las letras)

birth

the day you forget your name you will be born
(like an empty epic)
in a letter of my name

the day you forget my name
that day
you will die on the shore like a giant squid
(letters will not matter)

en casa de Emily Dickinson

los muros no *amedrentan* si te acercas
en pose de humilde regocijo

avisadas de la presencia
las sombras abren su inmensa puerta (¿verde?)
detrás de las cuatro columnas

mi cuerpo como capitel enhiesto
the Walk
Angle Worm in halves
Dew
Grass

at Emily Dickinson's House

walls are not intimidating as you get closer
in a pose of humble joy

notified of your presence
the shadows open their door (green?)
behind the four columns

your body like a standing spire
the Walk
Angle Worm in halves
Dew
Grass

historia

ausencias o excesos indiferentes antes, palpitan en las horas
del café aguado en taza mayúscula que te disfraza con
bufanda y gente de algún otro lugar.
gente que añora comprar un pasaje para *conocer* tu isla.

history

former absences or indifferent excesses, pulsate in the hours
of watered down coffee in a capital cup that disguises you
in a scarf among nowhere people.
people who long to buy a ticket *to get to know* your island.

desplazamientos imperceptibles

al final del párpado
la luz se desplazó
junto al libro semi-abierto
de una escritora
discernible
aparentemente sosegada
que sobrevive
a una isla volcánica
sin volcanes ni Balcanes
en retazos no saciados
de milagros.

imperceptible movements

at the tip of the eyelid
the light moved
next to a semi-open book
of a discernible writer
who, seemingly at peace
survives
a volcanic island
devoid of volcanoes or Balkans
in unsatisfied scraps
of miracles.

ironía en la ciudad con sabor a mai tai

Lake City Bank, el dinero corre a tu nombre como esmeraldas acuosas. un hombre pasa sin mirarte con lágrimas en su camisa. lo ves después de tomar un mai tai de naranja y mango sintéticos en vodka con sabor a crema. él grita versos al viento —la calle ensimismada no lo escucha. lanza flores y verdosas palabras de verano, sentado en uno de esos bancos de ciudad con nombre de filántropo muerto. una mancha brilla en su vientre de burbuja.
el sol golpea la ciudad sin lago, pero con un Lake City Bank (alto / alabado / ominoso).
el poeta no repara en ti. se ocupa en improvisar versos sobre un verano floreciente mientras sostiene una bolsa verde que parece cosida a la cara (inclinado el rostro hacia un lado).
tú, todavía relamiendo el vodka en-mango-naranja y crema batida, apresuras los pasos cuestionando su lucidez.

irony in the city with mai tai flavor

Lake City Bank, money runs in your name like watery emer-
alds. a man with tear- stained shirt walks by without looking
at you. you see him after drinking a synthetic orange-mango
mai tai in cream-flavored vodka. he shouts verses to the wind
—the absorbed street does not hear him. he throws flowers
and greenish words of summer, sitting on one of those city
benches named after a dead philanthropist. a spot shines on
his bubble belly.
the sun hits the city without a lake, but with a Lake City
Bank (tall/praised/ominous).
the poet doesn't notice you. he is busy improvising verses
about a blooming summer while he holds a green bag that
appears sewn to his face (tilted to one side).
you, still licking the orange-mango mai tai in cream-flavored
vodka, quicken your steps, questioning his lucidity.

exuberantes aguas te navegan. dolor helado en la columna
vertebral. los médicos lo llaman artritis. están equivocados
—como de costumbre. no saben nada sobre pensamientos de
ramas gélidas que esperan ser libres. no han oído los golpes
en las palmas de tus manos:
el santuario de narcisos en ayunas que vendrá.

spring

lush waters run through you. icy pain in the spine. doctors
call it arthritis. they are wrong as usual. they know nothing
about thoughts of icy branches waiting to be free. they have
not heard the blows on the palms of your hands:
the sanctuary of fasting daffodils to come.

y entonces el vientre

pensando en un poema de Rebecca Lehmann

qué espectro –pregunta la mujer poeta. ella camina por un camposanto. imagina dónde antes hubo vientre o nariz en las esculturas porosas. muerte que esfuma la distancia entre 1918 y 2020. muerte que *hunde y hunde.*
ella camina por el traspatio-cementerio. la muerte detrás de la casa.
interrogo: qué espectros en la calle vacía poblarán mi madrugada.
una anciana se acercó una vez, allá en la isla: el peso puede dejarte estéril, dijo. ¿cuánto más?
poco –respondí, con diez libras de naranjas sobre el vientre.
(naranjas para un desayuno con peso proporcional al hambre).
como el olor del azahar sin flor ni árbol en la calle sin camposanto,
la anciana repitió: el peso… estéril.
balbuceé un *sí.*
negué a mis muertos (o a los que no nacieron).
¿Qué niebla? ¿Qué miasma aterrador?, poeta de habla inglesa.

and then the womb

thinking about a poem by Rebecca Lehmann

what a spectrum –asks the woman. she walks through a
cemetery and imagines where there once was a womb or a
nose in the porous sculptures. death swallows the distance
between 1918 and 2020. death that *sinks and sinks.*
she walks through the backyard-cemetery. death behind the
house.
I question: what specters on the empty street will populate
my early morning?
an old woman approached me once, back on the island: the
weight can make you sterile, she said. how much more?
Not much, I answered, with ten pounds of oranges on my
belly.
(oranges for a breakfast with weight proportional to hunger).
like the smell of orange blossom without flowers or trees in
the street
the old woman repeated: the weight… sterile.
I stammered *yes.*
I denied my dead ones (or those who had not been born).
What fog? What creeping miasma?, English speaking poet.

abre esta moneda,
extrae su corazón de pájaro burilado,
el blasón y la sentencia.
(el desapego recurrente
de los objetos-minucias es vital).
de otro modo
el pájaro sustituirá tu rostro en la
última peripecia del recuerdo.

untitled poem

open this coin,
extract its engraved bird heart,
the coat of arms and the sentence.
(the recurring detachment
of objects-minutia is vital).
otherwise
the bird will replace your countenance
in memory's last tour de force

sacrificio

el poema debe cristalizar en sacrificio.
debe morir en el minuto en que el vértigo lo esculpe.
o lo expele.
si se alarga en secuencias romanas
invocaría las estructuras, el orden y sus normalidades.
para ser, desdeña el absoluto, las cronologías.
y se desgrana… como arroz cocido por la madre
o diluye en el tajo
cuya sangre no se detiene con sal
aquí mismo
en el no-tiempo

sacrifice

the poem must crystallize in sacrifice.
it must die the minute vertigo sculpts it.
or expels it.
if lengthened in Roman sequences
it would invoke structures, order, normality.
in order to be, it disdains the absolute, the chronologies
and it is grainy... like rice cooked by your mother
or diluted in the slit
whose blood doesn't clot with salt
right here
in the no-time

el eterno retorno

por qué criticar el no-recuerdo
si al final de la fuga
el verso
retorna hacia sí mismo

the eternal return

why criticize non-memory
if at the end of the escape
the verse
returns to itself

isla a pesar de todo

una palabra me visitó mientras separaba la ropa blanca de la
    oscura / (la ropa sucia
de un verano abandonado) /
una palabra reunió significados posibles e insistió /
le dije que me ocupaba en lavar trapos / aunque no entendiera
    la respuesta /
en la quieta luz pude ver sus calcificaciones: / artrosis en la
    vocal cerrada /
cúmulos en la vocal abierta (corrupción vulgar) /
molesta por la transparencia cubrió sus ojos /
y se acodó como *un enorme hongo de pedúnculos umbelíferos*

island despite everything

a word visited me while I was separating the white clothes
    from the dark ones / (the dirty clothes
of an abandoned summer) /
a word gathered possible meanings and insisted /
I told her that I was busy washing rags / although she didn't
    understand the answer /
in the still light I could see her calcifications: / osteoarthritis
    in the closed vowel /
clusters in the open vowel / (vulgar corruption) /
upset by the transparency she covered her eyes /
and then crouched like *a huge mushroom with umbelliferous
    peduncles*

cerré los ojos. ante mí su cabeza de piedra, gigante. los componentes del rostro de aquella cabeza colosal, tonelada de piedra tallada, iban surgiendo como el blasón renacentista, aunque con figura de hombre: la barba y el bigote, copiosos, cubriendo el treinta porciento del rostro, luego la nariz (demasiado ancha para un ario), los ojos, la frente-montaña que los escultores debieron escalar; no yo.
la cabeza de Marx, corrompida en mi historia o en la tuya.
ingeniería de lo (im)posible: en ningún lugar

the totality

I closed my eyes. before me his giant stone head. each feature of the face of that colossal head, a ton of carved stone emerged like a literary *blazon*, but with the figure of a man: the beard and mustache, copious, covering a third of his face, then the nose (too wide for an Aryan), the eyes, the forehead-mountain the sculptors had to climb; not me. Marx's corrupted head in my story or yours.
engineering the (im)possible: nowhere

la vida de las cosas

ves la huella del café
la taza contaminada
por el olor de la vida
con sus formas internas
como olas en retirada
de una playa del Michigan
rasgando una arena que no reluce
sino el tinte de glaciares milenarios
sedimentación pleistocena
formas y colores que regresan
mientras desaparecen tus olores
aparentemente quietos en la porcelana tibia
en los residuos de miel o azúcar turbia
espejismo de agente desconfiado
que borra sus huellas retrasadas
en la última contienda
por dejarte sola

you see the coffee footprint
the contaminated cup
by the smell of life
with its internal shapes
like retreating waves
from a beach on Lake Michigan
tearing up the sand that does not shine
the dye of ancient glaciers
Pleistocene sedimentation
shapes and colors that return
while your smell disappears
seemingly still on the warm porcelain
in cloudy honey or sugar residue
mistrustful agent's mirage
that erases his delayed traces
in the last fight
for leaving you alone

viaje al todo o la nada

la escultura del héroe con rifle de 1896 apunta como el ojo
de un águila –pensamiento en esbozo.
miro el águila de piedra bajo el pedestal. mis ojos plantean
una pregunta (deberías haberme observado): al final de mis
caminos errantes, ¿cuántas oportunidades de converger?
          (yo, partícula de pólvora residual en una lágrima).
a los pies del héroe, una mujer arrodillada ora, rendida al
patetismo: el barco de guerra espera a una milla del puerto.
          Georgianos, el suelo extranjero no es lugar para morir
(digo, 125 años después).
Cuba, Filipinas, Puerto Rico. cada una de estas letras será
agua corrosiva.
pronto el aire pegajoso de Savannah con olor a roble será
pólvora
–la pólvora fue, es y será.
               pólvora para redimir islas malditas
               pólvora para rendir imperios en desgracia
               pólvora si no se obedece
               pólvora si se rechaza la estancia
               (y algunos sueñan como una máquina estática:
               les encanta quedarse).
no soy imperio, sino pira húmeda en tu tierra. llovizna de la
isla más cercana (*in-land-is-land*). con mis miedos me quedo
aquí, mirando a tus ojos conspicuos que no me encuentran
–¿andaré perdida? no soy tierra sino mar abierto: un piélago:
una caricia de agua en el estrecho que se alimenta de cuerpos.
no soy isleña –dejé de serlo. es mi fantasma el que te observa
y no puedes sentir mi vibra petrificada.

the sculpture of the hero with rifle circa 1896 aims with an eagle eye —drafted thought.
I look at the stone eagle under the pedestal. my eyes pose a question (you should have seen me): at the end of my wandering paths, how many chances are there of converging?
(I, residual gunpowder particle in a tear).
at the hero's feet, a kneeling woman prays, surrendered to pathos: the warship awaits a mile from the port.
Georgians, foreign soil is no place to die (I say, 125 years later).
Cuba, Philippines, Puerto Rico. each of these letters turns to corrosive water.
soon Savannah's sticky, oak-scented air will turn to gunpowder.
—gunpowder was, is and will be.

> gunpowder to redeem cursed islands
> gunpowder to render empires in disgrace
> gunpowder if not obeyed
> (and some dream like a static machine:
> some love to stay).

I am not an empire, but a damp pyre in your land. drizzle from the nearest island (in-land-is-land). with my fears I stay here, looking into your conspicuous eyes that do not find me —am I lost? I am not land but open sea: a caress of water in the strait that feeds on bodies.
I am not an islander —I stopped being one. It's my ghost that watches you and you can't feel my petrified vibe.

tal vez solo la pólvora que escapó de una antigua batalla con
el viento —sin daño.
tal vez el último respiro del soldado sobre una sabana, que
regresa a casa.
o tal vez el mismo soldado sobreviviente al hambre, a las
lluvias, a los machetes volando
—un deambular.
¿soy sombra, soldado? ¿espíritu de madera?
tengo una idea: entiérrame aquí, frente a tu cara privada de
venganza, con mi dolor estático como el sauce.

Perhaps I am the gunpowder that escaped from a bygone
battle with the wind –unharmed.
perhaps the last breath of a soldier in the savanna, returning
home.
or the same soldier who survived hunger, rains, flying
machetes
–a wandering.
am I a shadow, soldier? wood spirit?
I have an idea: bury me here, in front of your face deprived
of vengeance, with my pain static as the willow.

Catálogo Bokeh

Abreu, Juan (2017): *El pájaro*. Leiden: Bokeh.

Aguilera, Carlos A. (2016): *Asia Menor*. Leiden: Bokeh.

— (2017): *Teoría del alma china*. Leiden: Bokeh.

Aguilera, Carlos A. & Morejón Arnaiz, Idalia (eds.) (2017): *Escenas del yo flotante. Cuba: escrituras autobiográficas*. Leiden: Bokeh.

Alabau, Magali (2017): *Ir y venir. Poesía reunida 1986-2016*. Leiden: Bokeh.

— (2019): *Mordazas*. Leiden: Bokeh.

Alcides, Rafael (2016): *Nadie*. Leiden: Bokeh.

Andrade, Orlando (2015): *La diáspora (2984)*. Leiden: Bokeh.

Armand, Octavio (2016): *Concierto para delinquir*. Leiden: Bokeh.

— (2016): *Horizontes de juguete*. Leiden: Bokeh.

— (2016): *origami*. Leiden: Bokeh.

Aroche, Rito Ramón (2016): *Límites de alcanía*. Leiden: Bokeh.

Blanco, María Elena (2016): *Botín. Antología personal 1986-2016*. Leiden: Bokeh.

Caballero, Atilio (2016): *Rosso lombardo*. Leiden: Bokeh.

— (2018): *Luz de gas*. Leiden: Bokeh.

Calderón, Damaris (2017): *Entresijo*. Leiden: Bokeh.

Castaños, Diana (2019): *Yo sé por qué bala la oveja mansa*. Leiden: Bokeh.

— (2019): *The Price of Being Young*. Leiden: Bokeh.

Columbié, Ena (2019): *Piedra*. Leiden: Bokeh.

Conte, Rafael & Capmany, José M. (2019): *Guerra de razas. Negros contra blancos en Cuba*. Leiden: Bokeh, colección Mal de archivo.

Díaz de Villegas, Néstor (2015): *Buscar la lengua. Poesía reunida 1975-2015*. Leiden: Bokeh.

— (2015): *Cubano, demasiado cubano. Escritos de transvaloración cultural*. Leiden: Bokeh.

— (2017): *Sabbat Gigante. Libro primero: Hojas de Rábano.* Leiden: Bokeh.

— (2018): *Sabbat Gigante. Libro segundo: Saigón.* Leiden: Bokeh.

DÍAZ MANTILLA, Daniel (2016): *El salvaje placer de explorar.* Leiden: Bokeh.

ESPINOSA, Lizette (2019): *Humo.* Leiden: Bokeh.

FERNÁNDEZ FE, Gerardo (2015): *La falacia.* Leiden: Bokeh.

— (2015): *Notas al total.* Leiden: Bokeh.

FERNÁNDEZ LARREA, Abel (2015): *Buenos días, Sarajevo.* Leiden: Bokeh.

— (2015): *El fin de la inocencia.* Leiden: Bokeh.

FERRER, Jorge (2016): *Minimal Bildung. Veintinueve escenas para una novela sobre la inercia y el olvido.* Leiden: Bokeh.

GALA, Marcial (2017): *Un extraño pájaro de ala azul.* Leiden: Bokeh

GALINDO, Moisés (2019). *Catarsis.* Leiden: Bokeh.

GARBATZKY, Irina (2016): *Casa en el agua.* Leiden: Bokeh.

GARCÍA, Gelsys (2016): *La Revolución y sus perros.* Leiden: Bokeh.

GARCÍA, Gelsys (ed.) (2017): *Anuncia Freud a María. Cartografía bíblica del teatro cubano.* Leiden: Bokeh.

GARCÍA OBREGÓN, Omar (2018): *Fronteras: ¿el azar infinito?* Leiden: Bokeh.

GARRANDÉS, Alberto (2015): *Las nubes en el agua.* Leiden: Bokeh.

GÓMEZ CASTELLANO, Irene (2015): *Natación.* Leiden: Bokeh.

GONZÁLEZ NOHRA, Fernando (2019): *Con sumo placer.* Leiden: Bokeh.

GUERRA, Germán (2017); *Nadie ante el espejo.* Leiden: Bokeh.

GUTIÉRREZ COTO, Amauri (2017): *A las puertas de Esmirna.* Leiden: Bokeh.

HARDING DAVIS, Richard (2019): *Notes of a War Correspondent.* Leiden: Bokeh, colección Mal de archivo.

HERNÁNDEZ BUSTO, Ernesto (2016): *La sombra en el espejo. Versiones japonesas.* Leiden: Bokeh.

— (2016): *Muda.* Leiden: Bokeh.

— (2017): *Inventario de saldos. Ensayos cubanos.* Leiden: Bokeh.

HONDAL, Ramón (2019): *Scratch*. Leiden: Bokeh.

— (2020): *La caja*. Leiden: Bokeh

HURTADO, Orestes (2016): *El placer y el sereno*. Leiden: Bokeh.

JESÚS, Pedro de (2017): *La vida apenas*. Leiden: Bokeh.

KOZER, José (2015): *Bajo este cien*. Leiden: Bokeh.

— (2015): *Principio de realidad*. Leiden: Bokeh.

LAGE, Jorge Enrique (2015): *Vultureffect*. Leiden: Bokeh.

LAMAR SCHWEYER, Alberto (2018): *Ensayos sobre poética y política. Edición y prólogo de Gerardo Muñoz.* Leiden: Bokeh, colección Mal de archivo.

LUKIĆ, Neva (2018): *Endless Endings*. Leiden: Bokeh.

MARQUÉS DE ARMAS, Pedro (2015): *Óbitos*. Leiden: Bokeh.

MIRANDA, Michael H. (2017): *Asilo en Brazos Valley*. Leiden: Bokeh.

MORALES, Osdany (2015): *El pasado es un pueblo solitario*. Leiden: Bokeh.

— (2018): *Zozobra*. Leiden: Bokeh.

— (2023): *Lengua materna*. Leiden: Bokeh.

MÉNDEZ ALPÍZAR, L. Santiago (2016): *Punto negro*. Leiden: Bokeh.

PADILLA, Damián (2016): *Phana*. Leiden: Bokeh.

PEREIRA, Manuel (2015): *Insolación*. Leiden: Bokeh.

PONTE, Antonio José (2017): *Cuentos de todas partes del Imperio*. Leiden: Bokeh.

— (2018): *Contrabando de sombras*. Leiden: Bokeh.

PORTELA, Ena Lucía (2016): *El pájaro: pincel y tinta china*. Leiden: Bokeh.

— (2016): *La sombra del caminante*. Leiden: Bokeh.

— (2020): *Cien botellas en una pared*. Leiden: Bokeh.

PÉREZ CINO, Waldo (2015): *La isla y la tribu*. Leiden: Bokeh.

— (2015): *Aledaños de partida*. Leiden: Bokeh.

— (2015): *El amolador*. Leiden: Bokeh.

— (2019): *Apuntes sobre Weyler*. Leiden: Bokeh.

QUINTERO HERENCIA, Juan Carlos (2016): *El cuerpo del milagro*. Leiden: Bokeh.

Rodríguez, Reina María (2016): *El piano*. Leiden: Bokeh.

— (2018): *Poemas de navidad*. Leiden: Bokeh.

Saunders, Rogelio (2016): *Crónica del decimotercero*. Leiden: Bokeh.

Starke, Úrsula (2016): *Prótesis. Escrituras 2007-2015*. Leiden: Bokeh.

Sánchez Mejías, Rolando (2016): *Mecánica celeste. Cálculo de lindes 1986-2015*. Leiden: Bokeh.

Timmer, Nanne (2018): *Logopedia*. Leiden: Bokeh.

Valdés Zamora, Armando (2017): *La siesta de los dioses*. Leiden: Bokeh.

Valencia, Marelys (2021): *Peregrinaje en tres lapsos / Pilgrimage in Three Lapses*. Translated by Marelys Valencia and Peter Nadler. Leiden: Bokeh

— (2023): *Santuario de narcisos en ayunas / Sanctuary of Fasting Daffodils*. Translated by Peter Nadler. Leiden: Bokeh.

Vega Serova, Anna Lidia (2018): *Anima fatua*. Leiden: Bokeh.

Villaverde, Fernando (2016): *La irresistible caída del muro de Berlín*. Leiden: Bokeh.

— (2016): *Los labios pintados de Diderot*. Leiden: Bokeh.

Williams, Ramón (2019): *A dónde*. Leiden: Bokeh.

Wittner, Laura (2016): *Jueves, noche. Antología personal 1996-2016*. Leiden: Bokeh.

Zequeira, Rafael (2017): *El winchester de Durero*. Leiden: Bokeh.

— (2020): *El palmar de los locos*. Leiden: Bokeh.